Was sich neckt, das liebt sich

Yuo Yodogawa

Inhalt

Was sich neckt, das liebt sich
Geist und Körper überflutender Sex

SCHWAPP ♪

... BIS EINES TAGES ...

NORMALERWEISE KANN MAN DIE GEDANKEN ANDERER MENSCHEN NICHT HÖREN.

DAS GALT NATÜRLICH AUCH FÜR MICH, ...

SHIN! KANN ICH DEINE HAUSAUFGABEN ABSCHREIBEN?

NÄCHSTES MAL MACHE ICH SIE WIEDER SELBST.

EIN KINDERSPIEL. ER LÄSST MICH JEDES MAL ABSCHREIBEN, WENN ICH IHM SO KOMME!

ICH KANN DICH HÖREN! ICH HÖRE ES ...

HÄ? SCHON WIEDER?

HIER.

WENN ES SEIN MUSS. DAS NÄCHSTE MAL MACHST DU SIE ABER SELBST!

KEINE AHNUNG, WARUM ICH ES PLÖTZLICH KONNTE.

WOW! DANKE, SHIN!

DACK

WAS IST LOS? HAT'S DIR AUF EINMAL DIE SPRACHE VERSCHLAGEN?

?!

... MICH VERHÖRT?

H... HAB ICH ...

HÄ?

OH MANN! WAS SOLL DER SCHEISS?!

W... WAS HAT ER DENN? WIESO PACKT ER MICH PLÖTZLICH AM ARM?

NICHTS ... ES IST GAR NICHTS ...

MIST ... DAS MACHT MICH TOTAL NERVÖS.

!?

?!

ZACK

?!

DAS IST ...

LASS MICH LOS!

9

HAB. MEIN BUCH VERGESSEN

SONST ÄRGERT MICH YOSHIKI ANDAUERND, ...

HHHHHH

ALLES OKAY ...?

... JA MAL EINE ÜBER-RASCHUNG! INTERESSANT!

... ABER IN IHM DRIN SIEHT ES JA GANZ ANDERS AUS.

SST

DAS HEISST ALSO, EIGENTLICH MAG ER MICH?

HEHE

NICHT GRINSEN! REISS DICH ZUSAMMEN ...

RASCHEL RASCHEL

STUPS

?!

MAL GANZ KURZ IN DEINEN KOPF SCHAUEN ...

FALLS JA, DANN WIRD ER DAS HIER NIEDLICH FINDEN.

10

DU ...
... TUST ES AUF BEIDEN SEITEN ...
PRESS
DAS IST NICHT FAIR ...
AUF BEIDEN SEITEN ...?
SCST
SAG MAL ...

ÄRGERT ER LEUTE UMSO MEHR, JE MEHR ER SIE LIEBT?

... WENN ER MICH DOCH SO SEHR LIEBT?

WARUM HAT ER STÄNDIG MIT MIR GESTRITTEN, ...

DA FÄLLT MIR EIN ...

||||

HASP

Bonusteil

DAS BESCHÄFTIGT MICH ZIEMLICH ...

WAS HAT ER DA WOHL IM GEHEIMEN GEDACHT?

HALT DIE KLAPPE!! ICH DENK DU HAST PUTZDIENST?!

WAS FÜR NE SAUKLAUE! SIND DAS BUCHSTABEN? LASS LIEBER MICH INS KLASSENBUCH SCHREIBEN!

DER HAT MICH JA SCHON AUS PRINZIP IMMER NUR ANGEMAULT ...

... UND ICH HAB MICH DANN MEISTENS AUFGEREGT ...

HEHEHE

WUSCHEL

NICHTS! ICH
HAB NUR
DARÜBER
NACHGEDACHT,
WIE LIEB DU
EIGENTLICH IN
WAHRHEIT BIST
...

LINS

WAS
IST SO
WITZIG?

VOOOH

ÄHM ...

D... YOSHIKI!...
... NICHT!...

Au Au

WIE KANNST
DU NUR AM
HELLLICHTEN
TAG SO
VERSAUTE
GEDANKEN
HABEN
UND DABEI
SCHAUEN, ALS
OB NICHTS
WÄR?!

KRACK

AUA!

Was sich neckt, das liebt sich
Sexstrafe in Gedanken und der Realität

LÄRM

MORGEN!

MOIN!

WINK

MORGEN!

AH, ICH HÄTTE MEHR FRÜHSTÜCKEN SOLLEN ...

HALLO!

LÄRM

MOR-GEN!

MOIN!

YO!

TWOCK

ACH JA, ICH HAB VERGESSEN, DIE HAUSAUFGABEN ZU MACHEN. MUSS ICH MIR NACHHER VON JEMANDEM AUSBORGEN.

HAST DU DAS GESTERN GESEHEN?

*IHRE GEDANKEN DREHEN SICH UM OBSZÖNE SZENEN ZWISCHEN JUNGS, DAHER IST DAS HIER VERPIXELT.

MANCHMAL KANN ICH DIE GEDANKEN WIE EINEN FILM VOR MIR SEHEN.

WENN ICH EINEN ANDEREN MENSCHEN BERÜHRE, KANN ICH SEINE GEDANKEN HÖREN.

OH

HIER, DEIN RADIER-GUMMI IST RUNTER-GEFALLEN.

DANKE!

WUP

DAMIT KOMMST DU NACHHER SICHER WIEDER ZU MIR ...

... UND WILLST ABSCHREIBEN.

SHIN SATORI
KANN GEDANKEN LESEN

WUSCHEL

DU SIEHST JA TOTAL VERPENNT AUS!

NIEDLICH, WIE IMMER ...

AH ...

ERRÖT

KLAPPE ...

DIESEM GRIMMIGEN TYPEN HIER, YOSHIKI, HABE ICH VERRATEN, DASS ICH GEDANKEN LESEN KANN, UND DANN HAT ER MIR SEINE LIEBE GESTANDEN.

DANACH SIND WIR SOGAR SCHON SO WEIT GEGANGEN, DAS IST JETZT EIN PAAR TAGE HER ...

HEY ...

FAP

YOSHIKI ASABA
STREITSÜCHTIG, ABER EIGENTLICH LIEB

WAS?!

N... NICHTS, GAR NICHTS ...

UWAH! HAST DU MICH ERSCHRECKT! WAS IST DENN LOS?!

OBWOHL YOSHIKI IMMER STÄNKERT, SOBALD ER DEN MUND AUFMACHT?

DU BIST KOMISCH

HAHAHA ...

HAT SHOHEI GERADE GESAGT, DASS ER ES AUF YOSHIKI ABGESEHEN HAT?

HÄ? WAS? AH ... ER WILL YOSHIKI?

OH ...!!!

OH, GUTEN MORGEN, SHOHEI!

GUTEN MORGEN, MIYA!

...

IN LETZTER ZEIT IST ER BELIEBTER GEWORDEN ... ABER BEI DEN JUNGS ...

ODER IST ER NUR ZU MIR SO UND BEI DEN ANDEREN NORMAL?

YOSHIKI STARRT MICH SCHON DIE GANZE ZEIT AN. ♪

OB ICH MICH IHM SO LANGSAM NÄHERN SOLL?

HM?

DU INTERESSIERST DICH FÜR SO WAS?

ACH, IST JA COOL!

SEINE GEDANKEN DREHEN SICH UM ALLES MÖGLICHE ...

ER FINDET TOGAWA SÜSS.

UND ER WILL ER UM EIN DATE BITTEN ...

STARR

GRRRRRR

MORGEN!

ZUCK

39

WAAAH

WUSCH

ER IST TOTAL SAUER!!!

A... ABER ICH MACH DAS DOCH AUCH FÜR IHN!

STARR

DAS VERSTEHE ICH AUCH OHNE IHN ZU BERÜHREN...

GUCK GUCK

NANU? YOSHIKI UND SHOHEI SIND BEIDE NICHT DA...

MITTAGS-PAUSE

LÄRM

LÄRM

PACK

...?!

RATTER

STOPP

TAP TAP

TAP

TAP

YO... YOSHIKI...

WIESO WARST DU MIT SHOHEI VORHIN SO VERTRAULICH?

DAS IST NICHT SO, WIE DU DENKST ...

EGAL! HALT DICH VON SHOHEI FERN! UND KEINE TREFFEN MIT IHM ALLEIN!

WIE ... IST ES DANN?

REDET IHR ÜBER MICH?

HAST DU ... DICH IN IHN VERLIEBT?

MURMEL

ICH SAG DOCH, SO IST DAS NICHT! DAS IST WEGEN DIR ...

!!

41

ÄH.

ABER SELBST WENN ES NUR AUS NEUGIER WAR, DU HAST SHOHEI VIEL ZU VIEL BERÜHRT.

DOMP

UWAH ...

WENN ICH GEDANKEN LESEN KÖNNTE, ...

... OHNE JEMANDEN ZU BERÜHREN ...

NATÜRLICH!

ÄH ... YOSHIKI ... BIST DU ETWA ... SAUER?

SUSH

ZUCK

GFF

WMP
WMP

KÜSS

SHIN ...

SHIN.

ZAMM

KEUCH

SHIN.

SHIN.

SLP

DANACH ...

ICH LIEBE
DICH ...
YOSHIKI ...

SHIN, YOSHIKI!
BRINGT
DIE ZETTEL
BITTE INS
LEHRERZIMMER!

JA.

Was sich neckt, das liebt sich
Erfüllender Sex nur mit dir

SINK

HAAAH ...

WENN ICH WEIT GENUG WEG BIN, HÖRE ICH NICHTS MEHR ... GLAUBE ICH ...

HEUTE MORGEN WAR NOCH ALLES NORMAL ... ABER JE MEHR LEUTE KAMEN, DESTO SCHLIMMER WURDE ES ...

WARUM ... WARUM HAT DIE SACHE INZWISCHEN SO EIN AUSMASS?

DOMP

AUF DIE ART ... HAT UNTERRICHT FÜR MICH KEINEN SINN ...

DING DONG

DING DONG

ICH SOLLTE ZURÜCK INS KLASSENZIMMER ...

SCHRECK

GNN

SSSt

DABEI
GEHT'S IHM NICHT
DOCH NICHT
GUT.

DAS IST NICHT
DER RICHTIGE
ZEITPUNKT, UM
AN SO WAS ZU
DENKEN ...

DRÜCK

IST
SCHON OKAY,
YOSHIKI ...

SEUFZ

HÄ?

ICH
MÖCHTE,
...

... DASS
NUR NOCH
DU IN MEINEM
INNERN BIST
...

SHIN?!

SST

ER HAT SICH WOHL ... EIN BISSCHEN VERAUSGABT ...

rankenzimmer

STREICH

Was sich neckt, das liebt sich
Sex, während ich nur deine Stimme höre

MORGEN!

PLAPPER

MORGEN!

P-LAPPER

Shin

Kein Betreff

Ich bleib heute zu Hause.

...

RASCHEL

IST WOHL BESSER, DASS ER HEUTE SO TUT, ALS OB ER KRANK WÄR, UND ZU HAUSE BLEIBT ...

DUSEL

GESTERN

ÄH ... WAS?

AAH ... OH MANN, WAS MACH ICH JETZT?

ICH HAB DIE GANZE NACHT KEIN AUGE ZUGEMACHT, WEIL ICH MIR DAS HIRN ZERMARTERT HAB. KEIN WUNDER, DASS ICH SCHLAPP BIN ...

UND ... HIERZU KAM ES ...

UND DAZU KOMMT NOCH DIESE KRAFT ... WENN ICH NUR DARAN DENKE, DASS ICH AUFFLIEGEN KÖNNTE, WENN ICH NICHT AUFPASSE ...

FLAPP

HAAAACH ...

UND WIESO VERÄNDERT SIE SICH SEITDEM ANDAUERND?

WARUM HABE ICH DIESE KRAFT ÜBERHAUPT BEKOMMEN?

IRGEND-ETWAS MUSS JA DER AUSLÖSER DAFÜR GEWESEN SEIN, ...

RASCHEL

DING DONG

MIST ... WENN ICH ÜBER SO VIELES AUF EINMAL NACHDENKE, BEKOMME ICH NOCH WIRKLICH KOPFSCHMERZEN ...

POCH

... ABER DASS SICH DIESE FÄHIGKEIT VERÄNDERT ... DAS IST FAST SCHON EIN FLUCH ...

JA?

...

HM ... MAMA
IST JA GERADE
EINKAUFEN ...

WUPP

ÄHM ...
ICH HAB
DIR EINE
NACHRICHT
GESCHRIEBEN,
ICH HAB MIR
SORGEN
UM DICH
GEMACHT
...

YOSHIKI?

ACH
SO ...

ÄH ...
EHRLICH
GESAGT, HAB
ICH NUR SO
GETAN, ALS
WÄRE ICH
KRANK.

ICH WOLLTE
NUR ETWAS
ZEIT ZUM
NACHDENKEN
HABEN ...

AUSSERDEM
HAB ICH DICH
GESTERN AUCH
ÜBERFORDERT
...

!

KLACK

HAST DU DIR WEGEN DEINER KRAFT GEDANKEN GEMACHT?

'''

GEH SCHON MAL VOR! DAS ZIMMER LINKS NACH DER TREPPE.

ALLES KLAR.

ICH KANN JA NICHT AUF EINMAL JEDEN KÖRPERKONTAKT VERMEIDEN.

FUMP

JA. ABER ICH HAB KEINE AHNUNG, WIE ICH DAMIT UMGEHEN SOLL.

HM ...

DANN ...

FÜR IMMER BLAU MACHEN KANN ICH AUCH NICHT ...

SEUFZ

UND ZU VERSUCHEN, AN GAR NICHTS ZU DENKEN, ...

... WENN ICH BERÜHRT WERDE, KRIEG ICH NICHT HIN.

SST

ZUP

DRÜCK

KÜSS

IRGENDWIE KITZELN YOSHIKIS BERÜHRUNGEN ... MEIN HERZ KLOPFT SO DOLL ...

ICH ERTRAG ES EINFACH NICHT, WIE SÜSS DU BIST ...

!

DAS WAR ABSICHT ...

DU BIST GEMEIN ...

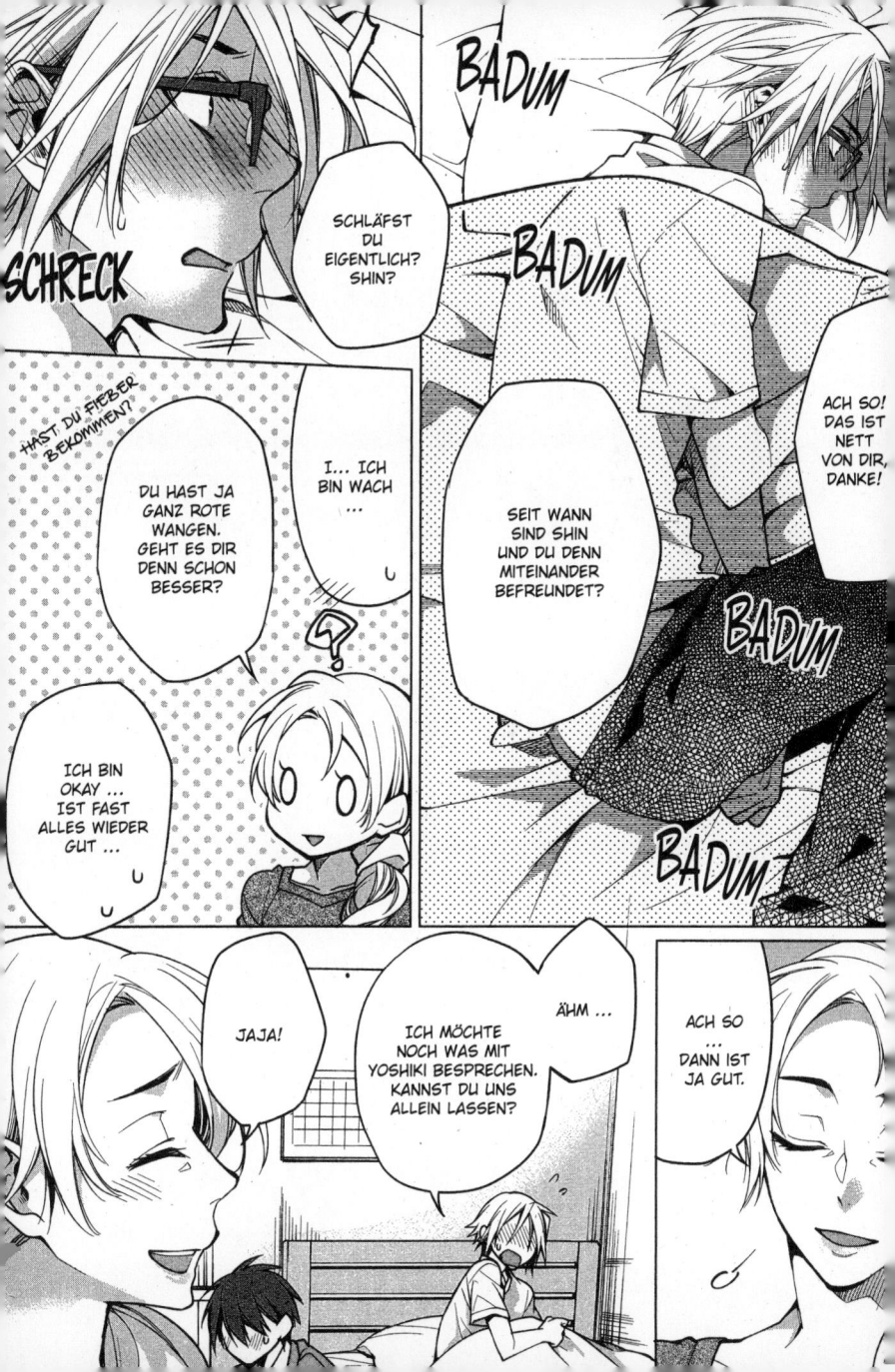

BADUM

SCHRECK

SCHLÄFST DU EIGENTLICH? SHIN?

BADUM

ACH SO! DAS IST NETT VON DIR, DANKE!

HAST DU FIEBER BEKOMMEN?

DU HAST JA GANZ ROTE WANGEN. GEHT ES DIR DENN SCHON BESSER?

I... ICH BIN WACH ...

SEIT WANN SIND SHIN UND DU DENN MITEINANDER BEFREUNDET?

BADUM

ICH BIN OKAY ... IST FAST ALLES WIEDER GUT ...

BADUM

JAJA!

ICH MÖCHTE NOCH WAS MIT YOSHIKI BESPRECHEN. KANNST DU UNS ALLEIN LASSEN?

ÄHM ...

ACH SO ... DANN IST JA GUT.

...?

WAS?

LÄCHEL

NICHTS ... ICH HABE MICH NUR IMMER GEFRAGT, WIE DU IN DIESER SITUATION SO WÄRST ...

HAHA

SAG DOCH NICHT SO WAS ALBERNES!

WA... HÖR NICHT MEHR HIN!

KYAAH

DREH

HAB ICH MICH ... ER- SCHRECKT ...

YOSHIKI HÄTTE DOCH ZUM ABENDESSEN BLEIBEN KÖNNEN.

SCHADE ...

ABER ER SCHEINT WIRKLICH EIN NETTER JUNGE ZU SEIN.

SCHRECK

ICH MAG IHN.

ÄH ...

HM ...

HABT IHR EUCH ANGEFREUNDET, WEIL IHR JETZT IN DERSELBEN KLASSE SEID?

AM ANFANG HABEN WIR UNS NICHT SO GUT VERSTANDEN ...

ABER DANN HABEN WIR RAUSGEFUNDEN, DASS ALLES NUR EIN MISSVER-STÄNDNIS WAR ...

WIR HABEN UNS DAUERND GESTRITTEN.

UND ... ALSO SEITDEM ...

Was sich neckt, das liebt sich

Sex mit Liebesgeständnis

SO IST ES!

SCHRECK

TAPP

AH ... ICH BIN AUFGEREGT ...

ZUM GLÜCK MUSS ICH NICHT MIT DER BAHN ZUR SCHULE FAHREN ...

WEIL SICH MEINE KRAFT UMGEKEHRT HAT ...

Yoshiki

Kein Betreff

Kommst du heute?

... UND JETZT ANDERE LEUTE MEINE GEDANKEN HÖREN KÖNNEN, ...

... BIN ICH GESTERN EINFACH ZU HAUSE GEBLIEBEN ...

TÜDELÜ!

MIR IST ZWAR NICHTS EINGEFALLEN, WAS ICH DAGEGEN TUN KANN, ABER ...

PLAPPER

PLAPPER

!!

HAB ICH MIR DAS VORHIN NUR EINGEBILDET?

ICH MUSS DAS NOCH MAL ÜBER- PRÜFEN, ...

... ABER YOSHIKI IST DAUERND BEI IHM ...

GRAP

!!

ZERR NICHT SO PLÖTZLICH AN MIR RUM!

OH ... YOSHIKI ... DU BIST ABER SCHNELL WIEDER DA ...

YOSHIKI ...

SHOHEI ...

ICH HAB GEDACHT, ICH HÄTTE MICH KLAR AUSGEDRÜCKT ...

WAS IST LOS, YOSHIKI? WARUM REGST DU DICH SO AUF?

ÄH ... JA?

GRR

SCHAUDER

JA.
ICH LIEBE
IHN.

...

YO...
SHIKI...

MURMEL

ACH WAS! DAS
GIBT'S DOCH
NICHT!

YOSHIKI
UND SHIN?

ÄH ... DU
MEINST ...

DER MEINT
DOCH NUR,
DASS SIE JETZT
BEFREUNDET
SIND, ODER?

RAUN

... MEHR
ALS NUR
EINEN
KUMPEL?

SCHRECK

SST

ÄHM
...

AH!

UND WAS HAT
SHOHEI VORHIN
GESAGT?

DANN ... BEDEUTET DAS WOHL ... DASS MEINE KRAFT VERSCHWUNDEN IST ...

ABER ... WARUM AUF EINMAL?

... ABER ... WENIGSTENS MÜSSEN WIR UNS JETZT DESWEGEN KEINE GEDANKEN MEHR MACHEN ...

KEINE AHNUNG, WARUM SIE JETZT WEG IST, ...

DABEI WAR DAS SCHON IRGENDWIE GANZ NIEDLICH.

ABER EIN BISSCHEN SCHADE IST ES SCHON, DASS ICH DEINE GEDANKEN NICHT MEHR HÖREN KANN ...

HAHA ...

WARUM DAS DENN AUF EINMAL? IST SCHON GUT! VERGEBEN UND VERGESSEN ....

ES TUT MIR LEID, DASS ICH DICH FRÜHER IMMER SO ANGEMAULT HABE.

... WÄRE ICH NICHTS WEITER ALS EINER DEINER KLASSEN-KAMERADEN GEWESEN ... ICH KONNTE NICHT EHRLICH SEIN ...

ABER SELBST WENN ICH DICH GANZ NORMAL ANGE-SPROCHEN HÄTTE, ...

EHRLICH GESAGT ... ICH HABE OFT DARÜBER NACHGEDACHT, WIE ICH EHRLICHER ZU DIR SEIN KÖNNTE.

DIE LEUTE MÖGEN DICH SCHNELL.

SEIT WIR UNS DAS ERSTE MAL BEGEGNET SIND, ...

UND WEIL WIR UNS STÄNDIG GESTRITTEN HABEN, HATTE ICH ANGST, DU HASST MICH IRGENDWANN.

... HAB ICH MICH AUCH ZU DIR HINGEZOGEN GEFÜHLT.

ABER FÜR EIN NORMALES VERHÄLTNIS WAR DA SCHON ZU SPÄT ...

... BIN ICH JETZT SO FROH, DASS WIR SO MITEINANDER REDEN KÖNNEN.

DRÜCK

DESHALB ...

HAH ...

WENN ICH
JEMANDEN NICHT
LEIDEN KANN,
WÜRDE ICH IHM AUS
DEM WEG GEHEN,
ANSTATT STÄNDIG
ZU STREITEN, ...

... ODER
ÜBERHAUPT NICHT
MIT IHM REDEN ...

ICH ...
HAB MICH
AUCH IMMER
GEFRAGT, ...

... WARUM DU
MICH DAUERND
SO ANMAULST
...

UND JETZT IST DIE KRAFT WEG, WEIL ... SIE NICHT MEHR GEBRAUCHT WIRD ...

SST

KLINGT DAS LOGISCH FÜR DICH?

DANN WAR DAS ALLES WAHRSCHEINLICH SCHICKSAL, ODER?

... WEIL ES BESSER IST, DIREKT MITEINANDER REDEN ZU KÖNNEN.

MEINE KRAFT IST VERSCHWUNDEN, ...

Was sich **neckt,** das **liebt** sich

Bonusteil

ICH HABE SHIN DAS ERSTE MAL GETROFFEN, ALS WIR ZUSAMMEN IN EINE KLASSE KAMEN.

ICH BIN SHIN. FREUT MICH, DICH KENNEN-ZULERNEN!

AHA ...

HM ... ICH HAB DAS GEFÜHL, DAS WAR EIN REINFALL ...

PITSCHNASS

OH.

TROPF
TROPF

HE ... WAS
SOLLTE DAS?!
OH MANN ...

BATSCH

HEY,
STOPP! DAS
IST DOCH
DER PUTZ-
LAPPEN!

DU HAST MICH
SO PLÖTZLICH
AM ARM
GEZOGEN ...

TUPF

OH.

FLOPP

DAS TUT
MIR LEID, ...

I... IST DOCH
EIGENTLICH
EGAL, WOMIT
MAN ES
WEGWISCHT.

... ABER ...

WIE
BITTE?!

ICH HAB' NOCH MEINE SPORT- SACHEN, ODER?

... KANN ICH BESSER SO MIT IHM SPRECHEN, ANSTATT NORMAL MIT IHM ZU REDEN ...

VIELLEICHT ...

DIE GEBURTSSTUNDE VON YOSHIKIS VERZERRTER KOMMUNIKATIONSWEISE

SHIN MACHT MANCHMAL ZIEMLICH KINDISCHE SACHEN.

WAS MACHST DU DENN DA?

UND EIN BELANGLOSES GESPRÄCH ZWEIER MÄDCHEN FÜHRTE DANN DAZU, DASS ICH SHIN BEWUSST WAHRNAHM.

AH, DA IST SHIN!

ZUCK

HÄ?! WARUM FRAGST DU DAS AUF EINMAL?! N... NEIN ... DOCH NICHT IN SHIN ...

WAS?!

SAG MAL, YUI, ...

... BIST DU EIGENTLICH IN SHIN VERLIEBT?

... DANN DARF ER ... DANN DARF SHIN ...

... DAS NICHT ERFAHREN ...

ER DARF ES NICHT RAUSFINDEN.

VIELLEICHT ... FALLS DAS DOCH ROMANTISCHE GEFÜHLE SEIN SOLLTEN, ...

SO WIE ES IST ...

SO WIE JETZT IST ES GUT ...

Was sich neckt, das liebt sich / Ende

AAAAAAAH

VIELEN DANK AN ALLE ALTEN UND NEUEN LESER, DASS IHR DIESES BUCH GEKAUFT HABT!

ICH FREUE MICH ZWAR, DASS ER WÄHREND MEINER ARBEIT AUF MEINEN SCHOSS HÜPFT UND MEINEN RECHTEN ARM ALS KISSEN VERWENDET, ABER SO KANN ICH NICHT ARBEITEN! IN DIESEM SINNE: HALLO!

ICH BIN YUO YODOGAWA!

Nachwort

• 淀川 = YODOGAWA

IN LETZTER ZEIT MAG ICH EIN KLEINES BISSCHEN FANTASY TOTAL GERNE!

DA DER LIKE BEI „WAS SICH NECKT, DAS LIEBT SICH" DIE GEDANKEN ANDERER LESEN KANN, HAT DIESE GESCHICHTE AUCH EIN PAAR FANTASY-ELEMENTE.

ES WURDE AUCH ZUM ERSTEN MAL DER BONUS ABGEDRUCKT, DEN MAN BEI EINER ONLINE-BESTELLUNG ERHALTEN HAT!

DIESES MAL WURDE DIE REIHE UM SHIN IN EINEM BAND ZUSAMMEN-GEFASST.

JUHU!

ICH KANN DOCH NICHT SCHLECHT GELAUNT SEIN, WENN ES SHIN SCHLECHT GEHT!

ALS ICH MICH DANN DAZU ENTSCHIEDEN HABE, SHINS FÄHIGKEIT MEHR IN DEN FOKUS ZU RÜCKEN, WURDE LEIDER ETWAS VERNACHLÄSSIGT, DASS YOSHIKI EIN SO KRATZBÜRSTIGER CHARAKTER IST. (LOL)

BEIM ZEICHNEN DIESER GESCHICHTE HATTE ICH EIN BISSCHEN SORGEN, WIE ICH WEITERMACHEN SOLLTE, NACHDEM SCHON IM ERSTEN KAPITEL MIT DEM GESTÄNDNIS EINE GRENZE ÜBERSCHRITTEN WURDE.

GNN

...!

WARUM GEHST DU MIR AUS DEM WEG?!

... UND YOSHIKI ALS PERFEKTES BEISPIEL EINES KRATZBÜRSTIGEN KERLS.

ÜBRIGENS SAHEN SHIN UND YOSHIKI GANZ AM ANFANG VÖLLIG ANDERS AUS.

BEI DIESEN BEIDEN HÄTTE ES SICH VERMUTLICH ANDERS WEITER-ENTWICKELT. (LOL)

SHIN MIT ZWEIFEL-HAFTEM CHARAKTER...

YOSHIKI IST DA SO KLEIN!

ES GIBT ZWAR IMMER NOCH PUNKTE, DIE NICHT GANZ PERFEKT SIND, ABER ICH HABE MEIN BESTES GEGEBEN UND HATTE VIEL SPASS BEIM ZEICHNEN. DAHER WÜRDE ICH MICH SEHR FREUEN, WENN EUCH DIESE GESCHICHTE AUCH EIN BISSCHEN GEFALLEN HAT!

VIELEN DANK AN ALLE IN DER REDAKTION UND VOM DESIGN-TEAM! UND AN ALLE MEINE LESER!

UND SEINE FRISUR WAR AM SCHWIE-RIGSTEN ZU ZEICHNEN ...

SHOHEI WAR DIESMAL DER STÖRENFRIED. ICH WOLLTE IHN SO ZEICHNEN, DASS MAN IHN NICHT HASSEN KANN, AUCH WENN ER EIN MISTKERL IST.

HAVE A NICE DAY!!

SEE YOU AGAIN!

JEDER WILLKOMMEN!

Welcome♥

SCHRECK

WUP

DA FÄLLT MIR EIN, ALS DU DIE GEDANKEN DER MÄDCHEN AUS UNSERER KLASSE GEHÖRT HAST, ...

... HAST DU DA AUCH GEHÖRT, OB JEMAND GEFÜHLE FÜR DICH HAT?

ÄH ... NA JA, ICH GLAUB SCHON, JA.

WARUM HAST DU DICH DANN IN MICH ...

... UND NICHT IN EINS DIESER MÄDCHEN VERLIEBT?

NA JA, ICH HATTE ZWAR HERZKLOPFEN, ALS ICH WUSSTE, DASS MICH EIN MÄDCHEN MAG, ...

ACH ... SO.

BA DUM

... ABER DEINE GEFÜHLE HABEN MICH NOCH VIEL STÄRKER BERÜHRT, INSOFERN ...

DIE DISTANZ ZWISCHEN UNS WAR ABER NOCH SO GROSS ...

DONK

HEY!

AUA.

TRÖSTE MICH, ERI! ♥

HACH ... IN LETZTER ZEIT LÄUFT ALLES SCHIEF ...

VIELLEICHT HÄTTEST DU NICHT SO 'N QUATSCH ÜBER SHIN ERZÄHLEN SOLLEN.

WAS? WARUM DENN ICH?

HIER WIRD NICHT MIT DEN MÄDCHEN RUMGESCHÄKERT! HILF LIEBER BEIM SORTIEREN DER KOPIEN!

IST MIR BIS JETZT NOCH NIE AUFGEFALLEN. SOLL ICH MICH AB JETZT LIEBER VON IHM QUÄLEN LASSEN? ACH WAS ...

UPS! HERR MIZUSHIMA HAT JA EINEN GENAUSO TOLLEN BLICK DRAUF WIE YOSHIKI!

STARR

DU HAST DOCH NEULICH VERSUCHT, DICH AUS MEINEM UNTERRICHT ZU SCHUMMELN!

OKAY! DANN LOS!

PACK

ICH MACH'S!

BIS SPÄTER!

SCHLEIF

Was sich neckt, das liebt sich

SATORI KUN TO TSUNDERE KUN
© Yuo Yodogawa 2016

First published in Japan in 2016 by
KADOKAWA CORPORATION, Tokyo.

German translation rights arranged with
KADOKAWA CORPORATION, Tokyo
through TUTTLE-MORI AGENCY, INC., Tokyo.

Deutschsprachige Ausgabe / German Edition
© 2019 VIZ MEDIA SWITZERLAND SA
CH-1007 LAUSANNE

Verlegt unter dem Label KAZÉ MANGA
durch VIZ Media Switzerland SA
2. Auflage

Aus dem Japanischen von Katharina Schmölders

Redaktion: Patrick Peltsch

Produktion: Dorothea Styra

Lettering: Paolo Gattone, Chiara Antonelli, Alessio Ravazzani

Druck und Bindung: GGP Media GmbH, Pößneck

ISBN: 978-2-88951-112-9

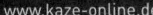

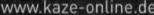

Verliebt in Akihabara

Chiaki Kashima

ISBN 978-2-88951-111-2